I0402524

EL PROPÓSITO DE UNA ORGANIZACIÓN

www.4apurpose.org

Empresas y Organizaciones con Propósito

¿Cuál es el propósito de una organización?

- El propósito de una organización es la razón fundamental por la que la organización existe.

- El propósito de una organización no es la respuesta a la pregunta "¿Qué haces?", que normalmente se centra en productos, servicios y clientes,

- sino más bien la respuesta a la pregunta "¿Por qué es importante el trabajo que haces?"

Propósito inspirador y motivacional

- Todo aquel que se vincule o desee vincularse libremente con la organización, lo harán porque se identifican con su propósito. Porque encuentran en él, algo que los mueve, los motiva, los inspira.

- Es la causa que define su contribución a la sociedad a través del negocio, del trabajo, de su participación, de su consumo.

Utilidades o Propósito

- No existe conflicto entre ambos.

- Las empresas existen para algo mucho más importante que obtener ganancias.

- Cuando una empresa entiende que existe para marcar la diferencia, estará obteniendo ganancias como resultado de su trabajo, no como un fin en sí mismo.

Empresa–Personas, un mismo propósito

- A través del trabajo, las personas pueden marcar la diferencia y ser parte de un legado significativo.

- Al mismo tiempo que satisfacen sus necesidades a través de la obtención de un pago, que se complementa con un salario emocional, que le brinda seguridad y bienestar para ellos y sus familias.

- El trabajo debe ser intencional y significativo.

- Debería SIEMPRE contribuir en algo superior.

- El trabajo debe ser más que un trabajo. Debería ser una causa que esté haciendo una diferencia en la vida de las personas.

- En esto la empresa puede ser una plataforma ideal para lograrlo, en beneficio de los colaboradores, de la empresa y

En palabras de Andrew Mason, ex CEO de Groupon,
"Cuando nuestros clientes empezaron a decirnos: 'Amo a Groupon porque me está sacando de la casa, haciéndome vivir mi vida' es cuando nos dimos cuenta del impacto total de lo que estábamos haciendo".
Continúa: "No estamos en ello por ganar dinero. Estamos en ello por la pasión que tenemos por las grandes ideas, haciendo un impacto y haciendo que el mundo mejore".

Ingredientes de un propósito

- Una declaración de propósito debe tener un alcance breve pero amplio.

- Hazlo breve para que los empleados puedan recordarlo y usarlo para guiar sus acciones diarias.

- El propósito también debe ser de amplio alcance para permitir que la organización se adapte con el tiempo a un mundo cambiante mientras su enfoque central permanece constante. Los productos y servicios pueden cambiar, pero la organización debe perdurar. Las organizaciones son entidades vivientes; son vehículos para mejorar la vida y el mundo en el que vivimos.

La Declaración del Propósito

❑ ¿Es una contribución a la sociedad, no un producto o servicio?

❑ Responde a la pregunta – ¿Por qué es importante este trabajo?

❑ ¿Es inspirador y motivacional?

❑ ¿Usa palabras poderosas?

❑ ¿Es breve para que los empleados lo recuerden?

❑ ¿Es de amplio alcance permitir oportunidades y cambios futuros?

Puntos clave de un Propósito

El Propósito:

- Es central y perdurable para la cultura de la organización.
- Es la causa que define la contribución a la sociedad.
- Une esfuerzos e inspira acción.
- ¿Es importante la respuesta a la pregunta: ¿Por qué es importante este trabajo?
- Es una declaración de longitud breve y amplio alcance.

El propósito en el centro de la Cultura

EL SOLO PROPÓSITO NO BRINDA IDENTIDAD, SE OBTIENE CUANDO SE CONJUNTA A LA FILOSOFÍA INSTITUCIONAL Y ES CONGRUENTE CON SUS PRÁCTICAS. EL PROPÓSITO DEBE ESTAR AL CENTRO DE LA CULTURA DE LA ORGANIZACIÓN.

PROPÓSITO

Prioridades

Filosofía

El propósito alinea prioridades, capacidades, prácticas y aspiraciones de una empresa.

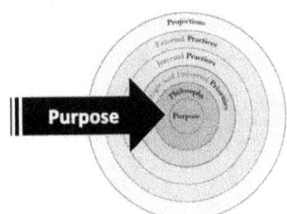

Company	Purpose
Facebook	Bring the world closer together
TED	Spread ideas
IKEA	Make everyday life better
CVS Health	Help people on their path to better health

El propósito es de todos.

- Los líderes y empleados deben ponerse de acuerdo sobre el Propósito de la organización y creer genuinamente que el Propósito es significativo para todos.

- Si el Propósito no resuena con aquellos que trabajan allí, entonces faltará un elemento clave para el compromiso de los empleados con la organización.

El propósito más que un trabajo.

- El lugar de trabajo tiene que ser algo más que un lugar para ir a trabajar y recibir un pago por el tiempo y los esfuerzos.

- Es una manera en que las personas que trabajan allí puedan hacer una contribución significativa en sus vidas. La gente quiere que su vida importe.

- Les permite ver su vida laboral como una fuente genuina de sentido,

- Se sienten más comprometidos y cumplidos.

- Es algo que los inspira a levantarse cada día.

Definir y tener un Propósito compartido es fundamental para la organización porque es la base para todos los aspectos del negocio

Empresas y Organizaciones con Propósito

El propósito desde la perspectiva del cliente...

- Si la contribución de la empresa implicó mejorar las cosas de alguna manera para aquellos a quienes sirven (clientes), entonces ese fue un propósito significativo.

- Es más fácil darse cuenta si es significativo para los clientes, pero hay que tomar en cuenta a los clientes internos (colaboradores). También debe ser una contribución para ellos.

- No puede ser significativo para unos y no para otros.

...y más allá.

- Debe también ser significativa para las comunidades en las que opera.
- Para la Sociedad
- Para el Planeta.

Empresas y Organizaciones con Propósito

Lo que se espera de la empresa ha cambiado

- Las acciones de la empresa, su negocio y sus marcas requieren una perspectiva aún más amplia que en el pasado.

- Las empresas no puedan tener impactos importantes en todas las áreas, por eso es importante elegir donde se puede tener mayor capacidad de influencia.

- Su compromiso debe ser realizar esfuerzos significativos para hacer contribuciones significativas de la forma que se define en su Propósito.

- Si las organizaciones no dan un paso atrás y ven el panorama general, es posible que pierdan tener un propósito realmente impactante.

Ejemplos de propósito

Un Banco	Apoyar la realización de los sueños de las personas.
Empresa de alimentos	Nutrir la vida
Empresa de entretenimiento	Hacemos feliz a la gente.
Empresa médica	Conservamos y mejoramos la vida humana.
Negocio de internet	Conectamos a las personas entre sí.

Cuál podría ser el propósito de...

Empresa	Propósito
Una empresa química	
De una organización de la Sociedad Civil	
De una compañía de seguros	
De una tienda de autoservicio	

Empresas y Organizaciones con Propósito

La Declaración de propósito (opciones a

Propuesta de propósito	Contribuye a la sociedad	Cúntesta porque el negocio es importante?	Es inspiracional y motivador?	Usa palabras poderosas?	Es claro y conciso?	Su alcance es amplio?
	Si / No	Si / No	Si / No	Si / No	Si / No	Si / No
	Si / No	Si / No	Si / No	Si / No	Si / No	Si / No
	Si / No	Si / No	Si / No	Si / No	Si / No	Si / No
	Si / No	Si / No	Si / No	Si / No	Si / No	Si / No
	Si / No	Si / No	Si / No	Si / No	Si / No	Si / No

PROPÓSITO ELEGIDO POR EL

-

¿es realmente claro el propósito?
¿Tiene significado?
¿Define la razón de existir de la empresa?
¿Les habla a todos los públicos de la empresa?
¿Habla de hacer una contribución o cambio significativo?

Encontrar el propósito realmente ayudará a la empresa a llevarla a otro nivel. Al final del día, nadie quiere trabajar sólo para trabajar. Como seres humanos, nos gusta saber que estamos alineados con lo algo que sentimos que estábamos destinados a hacer y que nuestra empresa o nuestro trabajo nos pueden ayudar a cumplir.

Encontrar el propósito realmente ayudará a la empresa a llevarla a otro nivel. Al final del día, nadie quiere trabajar sólo para trabajar. Como seres humanos, nos gusta saber que estamos alineados con lo algo que sentimos que estábamos destinados a hacer y que nuestra empresa o nuestro trabajo nos pueden ayudar a cumplir.

Las marcas son el nombre y apellido de lo que la empresa tiene como respuesta a las necesidades de la sociedad. Deben pasar de tener una base de clientes a una comunidad de embajadores de marca. Se trata de poner un Porqué a la vida, al desarrollo y conexión de la marca, que se refleje en todo lo que le rodea. Las empresas son capaces de trascender y dejar un Legado.

Las Marcas se deben convertir en Estandartes de las Causas Sociales que importan a sus públicos. ¿Porqué? Las marcas más que las mismas empresas, tienen una conexión más directa con el público que representa y esto le brinda una gran oportunidad de conectar con los intereses que los identifiquen cada vez más con sus públicos. Además, es relativamente más fácil impregnarle un sentido, darle un propósito que conecte con aquello que mueve a sus clientes.

Una marca con propósito

es aquella
que
satisface
un a
necesidad, que

hace

de

nuestro

Mundo un

lugar

mejor

Empresas y Organizaciones con Propósito

El **Propósito** de una **empresa** es aquello que la diferencia por lo que trata de hacer por el Mundo. Es algo más elevado que trasciende el generar dinero **utilidades, que le permite coincidir con sus inversionistas, directivos, colaboradores, clientes, proveedores, vecinos y el público en general.**

Cuando una empresa se enfoca en su propósito es capaz de inspirar, atraer e involucrar a sus grupos de interés o partes interesadas (stakeholders) hasta convertirlas en sus partidarios o fanáticos. Es la razón por la que se ha formado su empresa.

Para entender el propósito empresarial, es importante distinguirlo de la visión o misión de su empresa. Da a conocer a todos sus públicos cuál es aquella contribución que quiere hacer con su participación; fomenta innovaciones significativas e ideas visionarias y le da un saldo social positivo que ayuda al negocio a superar tiempos difíciles y de crisis.

Inyecta mayor poder en el mensaje de su marca, ayuda a atraer [y retener] el talento adecuado, contribuye a la realización personal y una vida bien vivida, y genera mayores resultados financieros en el largo plazo.

Permite que la empresa de a conocer a todos sus públicos cuál es aquella contribución que quiere hacer con su participación; fomenta innovaciones significativas e ideas visionarias y le da un saldo social positivo que ayuda al negocio a superar tiempos difíciles y de crisis.

Inyecta mayor poder en el mensaje de su marca, ayuda a atraer [y retener] el talento adecuado, contribuye a la realización personal y una vida bien vivida, y genera mayores resultados financieros en el largo plazo. Para entender el propósito empresarial, es importante distinguirlo de la visión o misión de su empresa.

Para determinar el por qué, es posible ayudarse de algunas preguntas para comenzar.

¿Qué inspiró a los fundadores de la empresa a empezar con el negocio?
¿Qué es algo que enorgullece a la empresa de haber logrado a lo largo de su historia? ¿Por qué empezó el negocio en primer lugar?

La búsqueda para encontrar el propósito, la respuesta probablemente será una combinación de estas tres preguntas, por las cuales por un negocio adquiere un triple propósito:

¿Mejora la Calidad de vida de la Sociedad?
¿Genera utilidades éticas y legitimas?
¿Contribuye a un bien mayor significativo para ella y todos los públicos que lo comparten?

¿Quieres
saber más?
¿Requieres
de ayuda?

https://www.4apurpose.org

Twitter.com/empresability

http://www.linkedin.com/felipecajiga/

Empresas y Organizaciones con Propósito

www.ingramcontent.com/pod-product-compliance
Lightning Source LLC
Chambersburg PA
CBHW070847220526
45466CB00002B/907